Hanna Künzel / Günter Schmitz

Vom Jörg, der Zahnweh hatte

BELTZ
Der **Kinderbuch**Verlag

Es war einmal ein kleiner Junge, der hieß Jörg. Weil er
so gern süße Sachen naschte, nannten ihn alle Leute

Schleckerjörg.

Immer, wenn ihm jemand Geld schenkte, dann lief er gleich in den Laden an der Ecke und kaufte sich Bonbons.

Zum Frühstück verlangte er nur Zuckerschnecken und mittags wollte er süßen Brei. Legte ihm die Mutti zum Abendessen feine Schwarzbrotschnitten zurecht und einen schönen, roten Apfel dazu, fing Schleckerjörg schrecklich an zu heulen: „Das esse ich nicht, ich will Schokolade! Ich will Bonbons! Ich will einen Lutscher!"

Ganz schlimm war das mit Jörg. Er putzte sich auch nur ganz selten die Zähne. Nicht nach jeder Mahlzeit, sondern nur morgens, wenn Mutti daran erinnerte. Abends, wenn Mutti müde war von der Arbeit, vergaß sie es oft. Darüber freute sich Schleckerjörg. Seine Zahnbürste aber stand traurig in dem schönen roten Becher, während Jörg flugs mit ungeputzten Zähnen ins Bett huschte.

Vor dem Schlafengehen hatte Jörg wieder einmal heimlich Schokolade genascht und natürlich nicht die Zähne geputzt.

Er lag schon im Bett. Da sprang plötzlich ein winzig kleines, hässliches Männlein zum Fenster herein. Es kam blitzschnell auf Jörg zu, mit einem großen Satz hüpfte es auf seine Decke und fing dort wild zu tanzen an. Jörg erschrak sehr. Das Männlein aber kicherte böse. Es schwang einen klitzekleinen Hammer drohend in seinen Händen.

Dabei sang es mit kreischender Stimme:
„Hihi, juchhe, wie freut mich das,
Jörgs Zahnbürste ist gar nicht nass.
Ganz traurig steht sie dort im Glas –
Hihi, juchhe, wie freut mich das!"
Dann kicherte das Männlein: „Bald werde
ich eine warme Höhle haben, in der ich
hämmern kann. Hihi, juchhe, wie freut
mich das!"
Da nahm Jörg all seinen Mut zusammen
und sprach das Männlein an: „Was geht
dich meine Zahnbürste an? Wer bist
du?"
Böse antwortete das Männlein: „Du wirst
mich bald kennen lernen! Iss nur weiter
recht viele Süßigkeiten und putze nicht
die Zähne. Kümmere dich einfach nicht
um deine Zahnbürste."

So plötzlich, wie das Männlein gekommen war, verschwand es wieder. Wohin? Schleckerjörg wusste es nicht. Er hatte seine Augen so anstrengen müssen, um das winzige Männlein sehen zu können, dass sie ihm plötzlich vor Müdigkeit zufielen. Am Morgen, als die Mutti ihren Jungen weckte, hatte er eine dick geschwollene Wange und schreckliche Zahnschmerzen.

„Huhu", heulte Jörg, „mein Zahn tut so weh!"

Da wurde Mutti sehr ernst und sagte: „Das kommt davon, wenn man so viel Süßes isst und nicht oft genug die Zähne putzt. Kleine Reste von Kuchen, Bonbons und Schokolade bleiben zwischen den Zähnen hängen. Darüber freut sich das Männlein. ‚Hier gefällt es mir‘, jubelt es. Mit seinem klitzekleinen Hämmerchen klopft es dann so lange an einem Zahn herum, bis es ihn ausgehöhlt hat.

Wenn man nicht rechtzeitig zum Zahnarzt geht, bekommt man schlimme Zahnschmerzen.

Das Zahnwehmännlein gräbt sich nämlich immer tiefer hinein in den Zahn, der davon krank wird. Es fühlt sich erst wohl, wenn das Loch im Zahn so groß ist, dass es sich darin verstecken kann. Nun bekommst du es mit der Zahnbürste nicht mehr heraus."

Als Schleckerjörg das hörte, jammerte er: „Das Zahnwehmännlein, huhu, es ist gestern Abend auf meinem Bett herumgesprungen, ich habe es gesehen."

Da beruhigte ihn die Mutti und sagte: „Komm, wir gehen gleich zum Zahnarzt, er wird das böse Männlein bestimmt verjagen."

„Kann es mir dann nicht mehr weh tun?" fragte Schleckerjörg.

„Wenn du in Zukunft nicht mehr so viel Süßes isst und nach jeder Mahlzeit gründlich deine Zähne putzt, kommt es bestimmt nicht wieder. Das Zahnwehmännlein geht nur zu Kindern, die ihre Zahnbürste nicht benutzen. Saubere Zähne kann es nicht leiden."

Bald darauf saß Jörg mit der Mutti im Wartezimmer des Zahnarztes. Mit ihnen warteten noch andere Kinder und Erwachsene, bis sie von der freundlichen Schwester hereingerufen wurden.

Als die Schwester dann rief: „Schleckerjörg, bitte", da schämte sich der Junge doch sehr wegen dieses Namens.

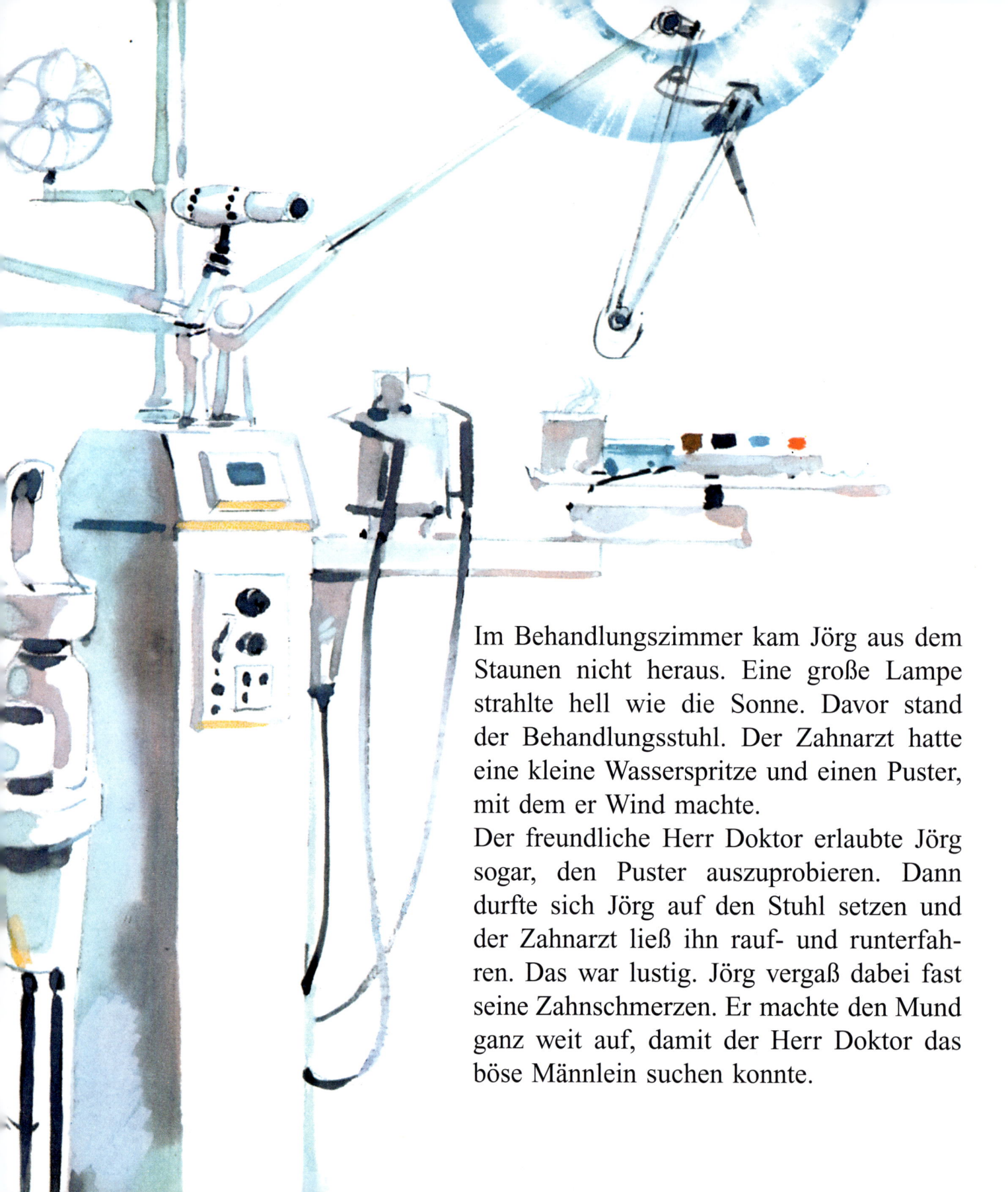

Im Behandlungszimmer kam Jörg aus dem Staunen nicht heraus. Eine große Lampe strahlte hell wie die Sonne. Davor stand der Behandlungsstuhl. Der Zahnarzt hatte eine kleine Wasserspritze und einen Puster, mit dem er Wind machte.

Der freundliche Herr Doktor erlaubte Jörg sogar, den Puster auszuprobieren. Dann durfte sich Jörg auf den Stuhl setzen und der Zahnarzt ließ ihn rauf- und runterfahren. Das war lustig. Jörg vergaß dabei fast seine Zahnschmerzen. Er machte den Mund ganz weit auf, damit der Herr Doktor das böse Männlein suchen konnte.

Mit einem runden Spiegel, in dem Kleines ganz groß aussieht, schaute der Zahnarzt jeden Zahn von allen Seiten an.

Er suchte in jedem Winkel. Es dauerte auch nicht lange, da hatte er das Zahnwehmännlein gefunden. Nun half dem Bösewicht kein Verstecken. Mit dem Bohrer bohrte Herr Doktor Heiler alle Speisereste und allen Schmutz aus dem kranken Zahn heraus, bis das Zahnwehmännlein nicht mehr wusste, wohin es sich verkriechen sollte.

Na, und als dann noch das viele Wasser aus Doktor Heilers Wasserspritze in seine Höhle brauste, wäre es fast ertrunken.

Der Zahnarzt machte mit dem Puster Wind, um das große Loch in Jörgs Zahn auszutrocknen. Da wurde das böse Zahnwehmännlein einfach davongeblasen. Jörg hat es niemals mehr gesehen und er hatte auch nie wieder Zahnschmerzen.

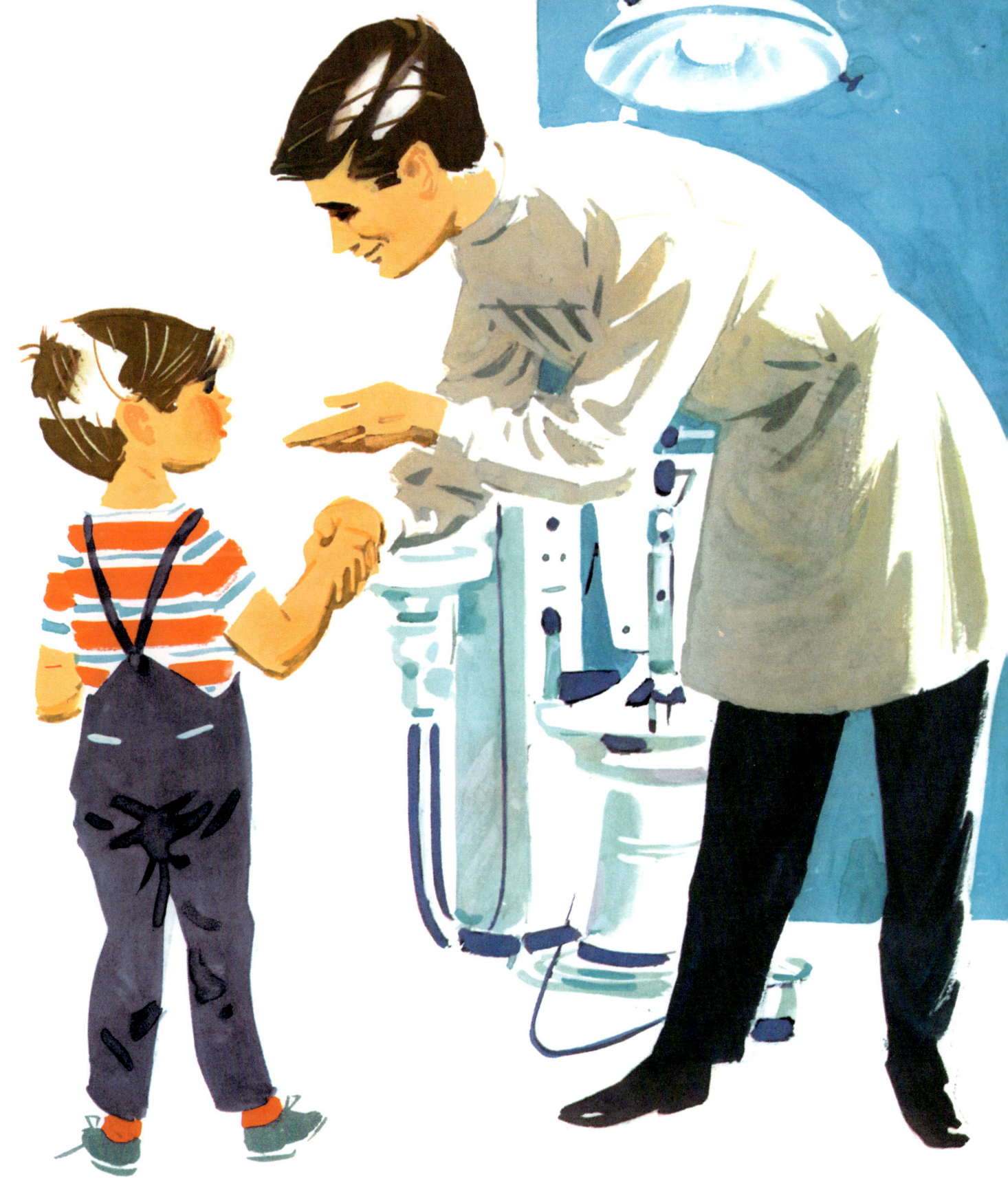

Den kaputten Zahn brachte der Zahnarzt in Ordnung. Jörg konnte bald wieder richtig kauen.

Süßigkeiten isst er seitdem nur noch, wenn Mutti es erlaubt. Und hinterher putzt er immer gleich die Zähne.

Überhaupt putzt Jörg seine Zähne jetzt nach jeder Mahlzeit gründlich. Und zweimal im Jahr geht er zum Zahnarzt. Doktor Heiler sieht nach, ob noch alles in Ordnung
ist.
Jörg ist nun schon ein Schulkind und lernt fleißig.
„Schleckerjörg" sagt niemand mehr zu ihm.

Das Geld, das er manchmal geschenkt bekommt, steckt er in sein Sparschweinchen. Das hat seit dieser Zeit lustige Augen und in seinem dicken Bauch klimpert schon eine Menge Kleingeld.

Wenn es voll ist, gibt Jörgs Vati noch etwas Geld dazu. Dann darf sich Jörg die elektrische Eisenbahn kaufen, die er sich schon so lange wünscht.

Dieses Buch ist erhältlich als:
ISBN 978-3-407-77083-7 Print (HC)

© 2004 Beltz | Der KinderbuchVerlag
in der Verlagsgruppe Beltz
Werderstraße 10, 69469 Weinheim
service@beltz.de
Erstmals erschienen: 1971
Alle Rechte vorbehalten
Neue Rechtschreibung
Einbandgestaltung: Günter Schmitz
Druck und Bindung: Beltz Grafische Betriebe, Bad Langensalza
Beltz Grafische Betriebe ist ein klimaneutrales Unternehmen
(ID 15985-2104-1001).
Printed in Germany
16 17 18   27 26 25

Weitere Informationen zu unseren Autor:innen und Titeln
finden Sie unter: www.beltz.de

Doktor Heiler
Kinderzahnarzt

Liebe Eltern!

Wohl jeder, der einmal selbst erlebt hat, wie qualvoll Zahnschmerzen sein können, wird wünschen, seine Kinder mögen davon verschont bleiben. Das um so mehr, wenn man weiß, dass gesunde Zähne für den Gesundheitszustand des ganzen Organismus von großer Bedeutung sind, denn viele Krankheiten werden von schlechten Zähnen verursacht.

Eigentlich müsste man annehmen, dass alle Eltern gern dazu beitragen würden, die Zähne ihres Kindes möglichst lange gesund zu erhalten, ist dies heute doch kein unerfüllbarer Wunsch mehr. Die Wissenschaft hat den Weg dazu bereits gewiesen, man muss ihn nur gehen!

Das Bilderbuch „Vom Jörg . . .“ möchte Ihnen mit vielen guten Ratschlägen helfen, in Ihrer Familie wirksame Kariesprophylaxe zu betreiben. Die konsequente Einhaltung der Grundregeln ist für den Erfolg besonders wichtig.

In letzter Zeit entwickelte sich die Zahnkaries zu einer Volksseuche. Dafür gibt es vor allem drei Ursachen: den enorm hohen Anstieg des Zuckerverbrauchs, mangelhafte Mundpflege und ungenügende zahnärztliche Betreuung. Hinzu kommt die leider noch immer vorhandene Gleichgültigkeit vieler Menschen, wenn es um die Pflege ihrer Zähne geht. Vorbeugungsmaßnahmen werden aber nur zum Erfolg führen, wenn sich Eltern, Zahnärzte, Kindergärtnerinnen und Lehrer gemeinsam darum bemühen. Vernünftige Ernährung, systematische Zahnpflege und regelmäßige zahnärztliche Kontrollen sollten jeder Familie selbstverständlich sein.

Die Hauptfeinde unserer Zähne sind Zucker und Bakterien. Deshalb geben Sie Ihrem Kind bitte möglichst wenig Süßigkeiten, und wenn, dann nur nach der Hauptmahlzeit, wenn es unmittelbar danach seine Zähne putzt. (Der Zuckerangriff auf den Zahnschmelz erfolgt schon nach wenigen Minuten!)